Les Chats

de Hans Silvester

LES CHATS

de Hans Silvester

Éditions
de La Martinière

Une partie de ces photographies ont déjà été publiées
dans les ouvrages de Hans Silvester sous les titres :
Les Chats du Soleil © 1993 Éditions de La Martinière
Les Chats du Bonheur © 1995 Éditions de La Martinière
Sieste et Tendresse © 1997 Éditions de La Martinière

Achevé d'imprimer sur les presses de Canale à Turin.
Dépôt légal : août 2000.
ISBN : 2-7324-2637-7
Imprimé en Italie.

Le livre que vous tenez entre les mains est pour moi comme un album de famille. Je me sens en quelque sorte le père de tous ces chats. Je les ai tous connus. Beaucoup d'entre eux sont devenus de vrais amis.

D'innombrables souvenirs émanent de ces images. J'ai consacré huit ans de ma vie aux chats des Cyclades. Je les aime tels qu'ils sont, à moitié sauvages, imprévisibles, insaisissables, farouches, sûrs d'eux-mêmes, arrogants, extrêmement sensibles aux signes de sympathie, aux marques d'amour. Je les comprends parfaitement et m'entends avec eux à merveille. Ils tiennent une place importante dans ma vie.

Ce livre est le reflet d'une longue succession de moments heureux, fruits d'une longue attente, mais aussi de la chance et du hasard. Inutile de préciser que cet album a demandé énormément de temps, de patience et de persévérance. D'un point de vue purement technique, ces images ont été réalisées en une seconde, le temps de pose variant entre 1/250 et 1/1000 de seconde. Magie de la photographie…

Ni sauvages ni domestiques, ces chats des îles sont fort différents des chats que nous élevons chez nous. Ils appartiennent au village, sont nourris par les habitants et par les pêcheurs qui leur lancent du poisson sur le quai. À cela viennent s'ajouter toutes sortes de proies : souris et rats, lézards, serpents, oiseaux, petits crustacés et insectes variés.

Bien que vivant en liberté, ces chats ne sont pas gâtés : l'accès aux maisons leur est interdit, ils n'ont pas de maître et appartiennent à tout le monde. Leur vie est dure. Si l'homme ne contrôle pas les naissances, ils se reproduisent très vite et une catastrophe est alors inévitable. Ils ont du mal à survivre : pendant l'hiver froid et humide, la nourriture se raréfie. Les chats affamés sont facilement victimes de maladies, et sur l'ensemble des îles on ne compte que deux ou trois vétérinaires.

Les images de ce livre évoquent l'idée d'un certain bonheur. Bien entendu, j'ai inventé cette île de rêve, réalisant ces photos sur vingt-deux îles différentes. À chaque voyage, la magie de Mykonos, Milos, Santorin, Tinos, Syros, Amorgos, Folegandros, Sifnos, Paros, Naxos, Ios n'a cessé d'agir. J'ai éliminé de mes décors les voitures, les touristes et bien d'autres éléments. J'ai créé mon « Paradis des chats », qui n'existe que dans ce livre.

Tout comme le soleil et le vent, ces chats font partie intégrante de ces îles. Ils sont là, ils ont toujours été là. À bord des bateaux, ils devaient assurer la protection de la cargaison contre les souris et les rats. Enfermés dans les cales des bateaux, ils ont fait le tour du monde, s'évadant à la première occasion. Pour les habitants des îles, ils ont dû veiller sur les récoltes et les semences. Les chats domestiques ont toujours été pour l'homme des animaux utiles, limitant la population de rongeurs, élément déterminant lors des épidémies de peste et de choléra.

L'attachement des Grecs aux animaux est celui des gens du Sud. Ils n'aiment pas beaucoup les chats, mais les tolèrent. Dans les circonstances difficiles, pris de pitié, ils sont prêts à les aider.

Pendant ces huit années passées auprès des chats, j'ai été témoin des changements radicaux de la vie sur les îles. Un fléau international, le tourisme de masse, s'est abattu sur ces lieux, anéantissant les traditions. Très rapidement, le tourisme est devenu la seule « industrie d'avenir ». Un flot d'argent s'est déversé sur les îles. On a construit partout des hôtels en béton aux murs minces. En été, un pont aérien de charters relie ces microcosmes aux métropoles européennes. Sur certaines îles, les chats, telles des stars, se font photographier. Comme les couchers de soleil, ils deviennent l'attraction principale des touristes. En juillet et août, les chats se réfugient sur les toits et ne reprennent possession de la rue que la nuit. Ils ne sont plus chez eux… Les créateurs de Disneyland eux-mêmes sont jaloux du succès de certaines îles. Pourtant, cette « invasion » des gens du Nord est parfois une aubaine pour ces chats. Beaucoup d'entre eux se font adopter par les amoureux des bêtes. Mais pour ceux qui restent, l'hiver est encore plus rude qu'autrefois : beaucoup d'habitants des îles partent à Athènes ou ailleurs.

Une grande partie de la vie des chats est secrète. Elle se déroule dans l'obscurité de la nuit ou en des lieux inaccessibles. Les toits, les caves, les ruines, les buissons deviennent le théâtre de leurs péripéties. Le jour, ils dorment ou se reposent. Un jour ils sont là, le lendemain ils disparaissent sans laisser de trace. Même si on connaît très bien les chats pour les avoir longuement observés, on est toujours surpris. Rien ne leur échappe ; leur curiosité les entraîne sur une plage isolée ou sur un toit d'église. Nulle part les rongeurs ne sont à l'abri, le chat guette toujours dans les parages…

À la campagne, on dit qu'une maison sans chat est une maison triste. Et c'est vrai. Chez nous, en Provence, nos deux chats mènent une vie heureuse ; ils partagent notre maison et ont leur place dans la famille. Nous leur assurons nourriture et bien-être et ils sont libres de se promener à leur guise, où bon leur semble. Ils chassent beaucoup et nous apportent souvent fièrement des souris encore vivantes. Ils font partie de notre vie tout en gardant leur indépendance. Leur présence signifie beaucoup pour nous. Ils nous garantissent une qualité de vie exceptionnelle. Nous avons des chats depuis plus de quarante ans, et c'est pour nous une source de joie sans cesse renouvelée.

Dans les pays industrialisés, nous nous sommes entourés d'un nombre invraisemblable de machines de toutes sortes, censées nous faciliter la vie et créer plus de temps libre. L'homme et la machine sont devenus inséparables au quotidien. Dans le monde moderne, la présence de chats et chiens prend une importance capitale. Elle rétablit pour l'homme un équilibre nécessaire, de plus en plus menacé dans un monde dominé par les machines ; en un mot, ces animaux apportent la vie. Pour les enfants des villes, il est primordial de se lier avec un petit être vivant. Ils apprennent ainsi à le connaître, lui parlent, jouent avec lui, partagent leurs secrets, l'élèvent et prennent soin de lui. Ils découvrent le respect de l'autre et l'amitié.

L'homme a créé différentes races de chats, avec des comportements spécifiques. Sans aucun doute, les chats sont les animaux domestiques qui s'adaptent le mieux aux temps modernes. Partout, ils sont capables d'être heureux dès qu'ils ont quelqu'un qui les aime.

HANS SILVESTER

LA SCALA

ΟΔΟΣ
ΑΝΑΣΤΑΣΕΩΣ

400
ΔΕΛΗΖΩΝΑ
cape

193

FULGOR
FULGOR

6
5

ΟΔΟΣ
ΑΓ.ΚΩΝΣΤΑΝΤΙΝΟΥ

Γ.Τ.Κ 44
ΣΕΠΟΠ. ΝΑΟΥΣΗΣ
Β'14
Γ. ΤΖΙΑΛΑΣ
Κ 44

ΠΩΛΕΙΤΑΙ

64